Impressum
Wunsch-Notizbücher für jeden Anlass.
Anfragen an:
wunschnotizbuch@miss-millionaire.de
P. Bauer
Kiefheider Weg 10
D-13503 Berlin
Umsatzsteuer-ID: DE212057718

www.ingramcontent.com/pod-product-compliance
Lightning Source LLC
Chambersburg PA
CBHW022015170526
45157CB00003B/1260
* 9 7 8 1 0 8 9 8 8 2 9 9 2 *